ALLOCUTION

PRONONCÉE

Par M. l'Abbé Laurent MONNIER

Curé de Saint-Aubin (Jura)

A L'OCCASION DU MARIAGE

DE

M. Georges MONNIER

Lieutenant d'artillerie

AVEC

Mlle Louise DUTILLEUL

CÉLÉBRÉ A TOURS, EN L'ÉGLISE SAINT-JULIEN

LE 9 FÉVRIER 1881

PARIS

IMPRIMERIE D. JOUAUST

Rue Saint-Honoré, 338

M DCCC LXXXI

ALLOCUTION

PRONONCÉE

Par M. l'Abbé Laurent MONNIER

Curé de Saint-Aubin (Jura)

A L'OCCASION DU MARIAGE

DE

M. GEORGES MONNIER

Lieutenant d'artillerie

AVEC

Mlle LOUISE DUTILLEUL

CÉLÉBRÉ A TOURS, EN L'ÉGLISE SAINT-JULIEN

LE 9 FÉVRIER 1881

PARIS

IMPRIMERIE D. JOUAUST

Rue Saint-Honoré, 338

M DCCC LXXXI

ALLOCUTION

Prononcée au Mariage

DE

M. Georges MONNIER

AVEC

Mlle Louise DUTILLEUL

Le 9 février 1881

Le moment est venu où vous allez vous donner l'un à l'autre par de mutuels et irrévocables serments, et où Dieu va former entre vous des liens que rien au monde ne pourra désormais briser.

Cette heure, je le sais, vous l'appeliez de vos désirs ardents. Depuis que les desseins de la divine Providence vous étaient connus, depuis que vos deux âmes s'étaient rapprochées et que vous aviez pu apprécier les riches trésors que la grâce divine y a renfermés, il vous tardait de les posséder et de jouir du bienfait de cette union.

Vous comprenez que de là dépend le bonheur de votre vie. Ce ne sera pas, sans doute, ce bonheur parfait que nous rêvons tous et que nous ne trouverons qu'au ciel, mais vous aurez là des joies, des consolations, qui vous rempliront de reconnaissance à l'égard de Dieu, dont la main bénie répand tant de fleurs sur les épines du chemin. Ces peines inévitables de la vie vous paraîtront moins lourdes lorsque vous en partagerez le fardeau, et les journées heureuses au contraire seront d'autant plus douces que vous jouirez ensemble du bonheur de vos deux cœurs unis.

Oui, il faut que le mariage apporte bien des joies, puisque Notre-Seigneur n'a pas su trouver sur la terre de comparaison plus propre à nous faire comprendre le bonheur du ciel que celle d'un festin nuptial. *Le royaume des cieux, dit-il, est semblable à un roi qui célèbre les noces de son fils.*

Mais ce bonheur ne peut être fondé que sur une union parfaite, union de pensées, union de sentiments, union en quelque sorte de toutes les facultés de l'âme. Il faut que ces deux cœurs battent bien à l'unisson. Voilà pourquoi encore vous êtes si heureux. Vos deux âmes se comprennent déjà parfaitement, elles semblent si bien faites l'une pour l'autre.

Et quand je parle de communauté de pensées et de sentiments, j'entends la seule qui soit vraie et durable, celle qui s'appuie sur une même foi et un même amour de Dieu. Ce n'est que là que nous trouvons la paix de l'âme et que nous pouvons fixer l'ancre de nos immortelles espérances.

Aussi bien, je ne vous étonnerai pas, Mademoiselle, si en faisant l'éloge de vos rares qualités j'ajoute que la distinction de votre esprit, le charme si naturel de votre tendresse pour ceux que vous aimez reçoivent surtout leur prix et sont comme le rayonnement de votre douce et profonde piété. N'est-ce point par ce trait que le Saint-Esprit termine et résume l'éloge de la femme forte : *La femme qui craint le*

Seigneur est celle-là seule qui sera louée.

D'autre part, vous me permettrez de révéler l'un de vos secrets intimes en disant ici que ce que vous aimez le plus dans le cœur qui va bientôt vous appartenir est l'ardeur de sa foi, la fermeté et la générosité de ses sentiments religieux. Lorsque je me demande, en effet, d'où lui vient à lui le don si grand qu'il reçoit aujourd'hui, il me semble en trouver la raison dans un autre passage de la sainte Écriture, où il est dit, qu'*une femme vertueuse est le partage de ceux qui craignent Dieu et la récompense de leurs bonnes actions.*

Aussi vous serez heureux, nous en sommes tous persuadés, et cette conviction peut seule soutenir et consoler ceux qui font, Mademoiselle, le sacrifice d'une douloureuse séparation.

Mais le mariage ne vous procurera pas seulement les paisibles jouissances d'une mutuelle affection, il vous impose les grands devoirs de la famille. Il y a là des peines, pourquoi se le dissimuler? peines qui ont cependant aussi leurs douces compensations. Quant aux responsabilités, si graves soient-elles, elles n'ont rien qui doive vous effrayer. Vous y êtes trop bien préparés, et les grâces du sacrement ne vous seront pas vainement accordées.

Vous allez donc fonder ensemble une famille. Non, je me trompe, les familles ne se fondent pas, elles se continuent. C'est une chaîne à laquelle s'ajoutent de nouveaux anneaux, c'est un arbre qui produit de nouveaux rejets. « Mon fils, disait un père qui comprenait bien cela, pense que tu n'es que le dépositaire de notre nom et de nos biens et que tu devras les transmettre avec honneur à tes enfants. »

Qu'il est beau d'avoir à léguer un héritage tel que celui qui vous est confié ! Il ne m'appartient pas de parler de choses qui me touchent de si près, mais je dois me réjouir de ce que vous ajoutez, Mademoiselle, à un passé qui m'est cher une part si riche d'honneur, de nobles traditions, tout ce qui se rattache à des noms portés avec éclat dans les plus hautes positions, et à côté de cela ces vertus non moins belles, non moins précieuses, qui font le charme d'un intérieur chrétien.

Il m'est doux, dans de telles conditions, de vous faire avec l'Église ce souhait exprimé dans un texte des Saints Livres : Vos enfants seront assis autour de votre table, semblables aux touffes serrées de jeunes plants d'olivier : *Filii tui sicut novellæ olivarum in circuitu mensæ tuæ.*

Et tout ce bonheur, toutes ces joies, l'accomplissement de ces grands devoirs, tout cela sera le fruit des grâces que vous allez recevoir.

Aux sanctifiants effets du « grand sacrement » du mariage, comme le nomme l'Apôtre, s'ajouteront les rites et les prières de la sainte liturgie.

Notre-Seigneur lui-même, l'hôte divin des noces de Cana, viendra sur cet autel prendre part à cette fête, et nul doute que Marie, notre bonne et tendre mère, qui Elle aussi était assise au festin de Cana et à qui vous avez toujours voué une si filiale confiance, nul doute qu'Elle n'abaisse sur vous son regard maternel et qu'Elle n'obtienne du cœur de son fils tout ce qui doit assurer la prospérité de votre avenir.

Puis ce sera la solennelle et touchante bénédiction de l'épouse chrétienne. L'Église mettra sur mes lèvres une de ses plus belles oraisons, et c'est en passant en quelque sorte par le cœur d'un frère que ces grandes grâces, ma sœur, descendront dans votre âme.

Pendant ce temps deux familles sont là réunies pour prier avec vous. A vos côtés, un père, une mère, des aïeux vénérés, étendent leurs mains pour vous bénir tous deux à cette heure solennelle de votre vie. Ceux-là mêmes qui nous ont précédés là-haut et dont les places nous semblent vides sont présents aussi, croyons-le bien. C'est le ciel qui s'unit à la terre.

Enfin la présence d'un pontife pour qui votre vénération, ma sœur, n'a d'égale que l'affectueuse reconnaissance de tous les vôtres, la bénédiction apostolique qu'il est chargé de vous transmettre, et que vous aurez l'insigne faveur de recevoir tout à l'heure, nous sont un gage bien précieux de la réalisation de tous nos vœux et de nos espérances pour vous.

Soyez donc à jamais unis, que Dieu demeure sans cesse avec vous, *et ipse sit vobiscum*.

De la sorte vous serez heureux, heureux durant les courtes et rapides années de la vie présente, mais heureux surtout dans les joies sans mélange et toutes célestes de la bienheureuse éternité.

PAROLES ADRESSÉES AUX ÉPOUX

APRÈS LA CÉRÉMONIE

Par S. G. Mgr BECEL, évêque de Vannes.

Heureux et chers époux,

Notre Très Saint Père le Pape m'a chargé de vous donner en son nom la bénédiction apostolique.

Recevez cette grâce insigne avec la foi qui vous distingue et avec une ferme confiance.

S'il plaît à Dieu, mes chers enfants, d'exaucer les vœux que forment pour vous, en cette circonstance solennelle et décisive de votre vie, tant de cœurs dévoués, vous serez aussi heureux qu'il est permis de l'espérer sur cette terre.

En tout cas, le ciel sera le prix de toutes les épreuves auxquelles la divine Providence jugera convenable de soumettre votre vertu.

www.ingramcontent.com/pod-product-compliance
Lightning Source LLC
Chambersburg PA
CBHW061618040426
42450CB00010B/2555